Inhalt

Generation Praktikum - billige Arbeitskräfte ohne Zukunft?

Kernthesen

Beitrag

Fallbeispiele

Weiterführende Literatur

Impressum

Generation Praktikum - billige Arbeitskräfte ohne Zukunft?

M.Reiner

Kernthesen

- Dienten Praktika früher der Orientierung bei der Berufswahl, ersetzen Praktikanten heute oftmals fehlendes Personal bei der Erledigung von täglichen Routinearbeiten. (10), (11), (12)
- Als vollwertige Arbeitskräfte mit niedriger Bezahlung schlittern Studenten und Hochschulabsolventen von einem Praktikum ins nächste, ohne die Aussicht auf eine Festanstellung. Um gegen ihre Ausbeutung anzukämpfen, haben sich die Betroffenen nun zusammengeschlossen und

gehen gerichtlich gegen die Firmen vor, um ihren Lohn nachträglich einzuklagen. (4), (5), (13), (14)
- Immer mehr Unternehmer nehmen die Missstände auf dem Markt wahr und schließen sich Initiativen an, die mit Richtlinien für einen fairen Umgang mit Praktikanten neue Standards setzen wollen. Denn sie wissen: Praktikanten sind nicht nur wertvolle Arbeitskräfte, sondern leisten auch einen wichtigen Beitrag zum Image der Firma und Branche. (1), (3), (7), (9)

Beitrag

Längst sind billige Praktikanten in Deutschland unabkömmliche Arbeitskräfte für die Unternehmen geworden. Als Imageträger und unverbrauchte Talente tragen sie auderdem zum Erfolg einer Firma bei. Doch in der Praktikantenschleife zwischen Uni und Job gefangen, sehen viele schwarz für ihre Zukunft. Nun verlangen sie ihre Rechte - und gehen auf die Barrikaden.

Gefangen zwischen Uni und Job:

Hochschulabsolventen arbeiten als Praktikanten

Laut Schätzungen des Deutschen Gewerkschaftsbundes (DGB) beträgt die Anzahl der Hochschulabsolventen in unterbezahlten Praktikantenstellen ungefähr 100.000. (10) Genaue Zahlen gibt es nicht; diese Generation führte bislang ein unbeachtetes Nischendasein. Doch die Zahlen der Zentralstelle für Arbeitsvermittlung lassen Rückschlüsse zu: Insgesamt waren im Jahr 2004 fast 253.000 Absolventen arbeitslos gemeldet. Rund 100.000 Berufseinsteiger haben sich als Arbeitssuchende registrieren lassen. Die Hospitantenquote bei Akademikern mit Fachhochschulabschluss stieg von 1999 um 44 Prozent, bei Uniabsolventen sogar um 138 Prozent. (12)

Waren es früher zumeist Geisteswissenschaftler oder Architekten, sind heute auch BWLer und Informatiker auf Praktikumsuche zu verzeichnen. (12) Dabei stolpern viele der Betroffenen von einem Praktikum ins andere, in der Hoffnung, eine feste Arbeitsstelle zu finden. Hierfür nehmen sie lange Arbeitszeiten, häufige Wohnortwechsel und niedrige bis gar keine Bezahlung in Kauf.

Praktikanten als Imagevermittler

Übersehen wird von Unternehmern oft, das Praktikanten nicht nur als Arbeitskräfte dem Unternehmen dienen. Haben sie sich erst einmal ein Bild von ihrem Arbeitgeber gemacht, tragen sie dieses an ihre Kommilitonen weiter und fungieren so als Imagevermittler. Ein schlechter Ruf wird gute Studenten davon abschrecken, bei derselben Firma ein Praktikum zu absolvieren oder sich auf eine Stelle zu bewerben. Umgekehrt erhöht ein guter Ruf die Chancen der Firma, unter den Studenten die besten zu akquirieren. Ist dies der Fall, erspart Mund zu Mund Propaganda den Unternehmen lange Sucharien, die Zeit und Geld kosten.

Um sich gegenseitig über die Qualität von Praktika bei diversen Firmen zu informieren, wurden Bewertungsbörsen im Internet ins Leben gerufen. Praktikanten haben dort die Möglichkeit, ihre Erfahrungen mitzuteilen oder Infos über Unternehmen einzuholen. (3)

Die Realität in den Unternehmen - was Praktikanten wirklich leisten

Galt früher ein Praktikum als Orientierungshilfe, entspricht es heute in vielen Fällen einer unterbezahlten Aushilfsstelle. Anstatt dem Praktikanten die Möglichkeit zu geben, seine Fähigkeiten auszutesten und zu beweisen, was er kann, muss er liegengebliebene Routinearbeit verrichten. (6), (13)

In zunehmendem Maße nutzen Unternehmer Praktikantenstellen, um die besten Mitarbeiter am Markt aufzuspüren. Das Praktikum wird so zur Probezeit. Wer nicht zu 100 Prozent in das Unternehmen passt, wird nicht übernommen. Der Absolvent macht sich auf die Suche nach dem nächsten Praktikum, in der Hoffnung dort eine Stelle zu bekommen. (3)

Um auf diese Missstände aufmerksam zu machen, haben sich die Praktikanten in jüngster Vergangenheit organisiert. In Deutschland klagen derzeit 20 ehemalige Praktikanten vor Gericht gegen die Ausbeutung während ihrer Praktikumszeit und verlangen Lohnnachzahlungen. (1), (3) In Paris drängen sie in die Betriebskantinen und schreien Parolen auf die Strasse, um auf ihre Lage aufmerksam zu machen. (5)

Der Plan scheint zu funktionieren. Immer mehr Unternehmen nehmen die Missstände als Problem wahr und bekennen sich zu einem fairen Umgang mit dieser Generation.

Praktikums - Kodex: Richtlinien für eine fairen Umgang

Laut einem Urteil des Bundesarbeitsgerichtes vom 13.3.2003 ist es Sinn und Aufgabe eines Praktikums, den Arbeitsprozess zu begleiten und nicht den Praktikanten zur Erledigung täglich anfallender Arbeiten heranzuziehen. Der Lernprozess steht im Zentrum der Ausbildung. Tritt der Lerneffekt in den Hintergrund, hat der Praktikant Anspruch auf vollen Lohn.

Vor allem in der Werbung scheinen sich die Klagen von Praktikanten über ihre Arbeitgeber gehäuft zu haben. Dem wollen nun der Gesamtverband Kommunikationsagenturen (GWA) und der Deutsche Direktmarketing Verband (DDV) entgegen wirken. Entwickelt wird derzeit ein einheitlicher Standard, der Richtlinien zur Anstellung von Praktikanten geben soll. Bis Anfang 2006 soll dieser in Kraft treten. Auch der Art Directors Club hat kürzlich ein Scheckheft für Praktikanten eingeführt, in dem ihre Ansprüche geregelt sind. In ganz Deutschland sind derzeit 43 Agenturen an dem Programm beteiligt. (1),

(3) Eine weitere, nicht-werbliche Initiative ist "Fair Company", die sich ebenfalls einem Fairness-Kodex verschrieben hat. 228 Firmen sind inzwischen beigetreten. (3), (8)

Die diversen Richtlinien lassen sich auf folgende Eckpunkte zusammenfassen: (1), (3), (7), (11)
-Festlegen von Arbeitsinhalten: Praktikanten sollen vorab wissen, welche Inhalte ihnen von ihrem Arbeitgeber vermittelt werden. Was sie tun und lernen sollen, sollte schriftlich geregelt werden.
-Betreuer: den Praktikanten sollte ein Betreuer zugewiesen werden, der sich um Inhalte und Belange kümmert und als fester Ansprechpartner fungiert.
-Arbeitsplatz: jedem Praktikanten sollte ein fester Arbeitsplatz zur Verfügung gestellt werden.
-Zeugnis: Gesetzlich hat jeder Praktikant ein Recht auf ein Zeugnis, in dem ihm seine Befähigungen bescheinigt werden.
-Dauer: die Dauer des Praktikums sollte maximal drei Monate betragen. Praktikanten haben so die Möglichkeit während der Semesterferien das Praktikum zu absolvieren. Nach den drei Monaten bestehe die Gefahr, dass keine neuen Inhalte gelernt werden, sondern nur Routinearbeit verrichtet wird. Lernverhältnisse, die länger dauern, sind als Berufseinstiegsprogramme zu werten (Traineeprogramme, Absolventenpraktika, Volontariate).

-Bezahlung: Studenten sollten mindestens 300 Euro netto verdienen, Absolventen mindestens 600 Euro.
-Vertrag: Das Praktikumsverhältnis sollte in einem Vertrag geregelt sein. Urlaubsansprüche, Dauer und Arbeitszeit, Inhalte und Vergütung (auch im Krankheitsfall) sowie Kündigungsvoraussetzungen sind die wichtigsten zu klärenden Bestandteile.

Fallbeispiele

Ein Qualitätsprogramm für Berufseinsteiger in der Werbebranche hat jüngst der Art Directors Club (ADC) ins Leben gerufen. Mittels eines Garantiehefts lassen sich die Praktikanten von den Agenturen bescheinigen, dass sie eine angemessene Bezahlung erhalten und sie in Projekte eingebunden werden. In Deutschland beteiligen sich zur Zeit 43 Agenturen an dem Programm. Die Mitgliederliste findet sich unter: www.adc.de (3)

Um faire Arbeitsbedingungen für Praktikanten bemühen sich auch Unternehmen anderer Branchen. So beschäftigen Tchibo und Unilever zum Beispiel keine Hochschulabsolventen als Praktikanten. Beide Unternehmen sind Mitglieder der Initiative "Fair

Company", die vom Wirtschaftsmagazin "Karriere" diesen Sommer ins Leben gerufen wurde. Insgesamt gehören ihr 228 Firmen an. Mehr Information sind zu erhalten unter: www.karriere.de (3)

Eine Klagewelle unter Praktikanten löste Tina Richter in diesem Jahr aus, nachdem sie ihren Arbeitgeber erfolgreich zu Lohnnachzahlungen verklagte. Anlass für ihre Klage war ein unbezahltes Praktikum, das der Arbeitgeber verlangte, bevor sie die Stelle als Marketing-Assistentin antreten konnte. Die 27jährige absolvierte das Praktikum und erhielt danach die Stelle. Nach ihrer Kündigung forderte sie Lohnnachzahlungen für die Zeit als Praktikantin und bekam recht. Nach dieser Erfahrung gründete Tina Richter den Verein "Fairwork" als Interessenvertretung von Praktikanten, der mittlerweile 150 Mitglieder zählt. Derzeit berät der Deutsche Gewerkschaftsbund (DGB) 20 Praktikanten, die ebenfalls ihren Arbeitgeber verklagen wollen. (14)

Einen interessanten Bezug zwischen der "Generation Praktikum" ihren politischen Gesinnungen liefert Cordula Tutt in ihrem Artikel in der Financial Times Deutschland. Demnach fristet die Zielgruppe mit ihren Bedürfnissen ein Nischendasein und findet keine politische Resonanz. Die viel diskutierten Themen um Kündigungsschutz, Arbeitslosengeld oder Rentenversicherungen spiegeln nicht die

Wirklichkeit eines Absolventen, der im Praktikantennetz gefangen ist. Als Resultat lassen sich die Angehörigen dieser Generation nicht auf eine feste Bindung zu einer Partei ein, sondern entscheiden von Wahl zu Wahl neu, wer ihre Interessen am besten vertritt. (2)

Tipps für Praktikanten liefert der "Praktikumsknigge - Leitfaden zum Berufseinstieg" herausgegeben von clash Jugendkommunikation. Auf 192 Seiten finden Interessenten Informationen zu Bewerbungsstrategien, Expertenbefragungen, Praktikantenleiden und vielem mehr. Hauptschwerpunkt bildet der Bereich Medien. (15)

Praktikanten sind nicht nur billige Arbeitskräfte, sondern liefern vor allem in der Werbung den Kreativen frische Ideen. Nicht selten erhalten die von Praktikanten und Berufseinsteigern entwickelten Kampagnen die begehrtesten Preise der Branche. Mit dem Wegfall von rund 13 700 Arbeitsplätzen zwischen den Jahren 2001 und 2003 konkurrieren immer häufiger freie Werbetexter oder Art Direktoren mit den billigeren Langzeitpraktikanten. Eine Ausnahme auf dem Markt bilden neue Ausbildungslehrgänge, wie die Miami Ad School in Hamburg. Mit praxisnahen Unterrichtsinhalten, unterrichtet von den Agenturen selbst und finanziert von den Schülern, erschaffen sich die Werber ihre eigenen

Talente. Heuer entließ die Miami Ad School ihren ersten Jahrgang - und erzielte eine Übernahmequote von 100 Prozent. (8)

Beim Internetforum "Students at work" (www.stutdents-at-work.de) können Praktikanten ab sofort ihre Stelle öffentlich bewerten. Als Kriterien werden z.B. die Arbeitszeit, Vergütung und Lernerfolg herangezogen. Das Forum ist eine von mehreren Initiativen, um den Praktikanten Gehör zu verschaffen und ihr Schattendasein zu beenden. (9)

Weiterführende Literatur

(1) Verbände pro Praktikanten
aus HORIZONT 45 vom 10.11.2005 Seite 063

(2) Die Unberechenbaren Früher konnten es sich Jungakademiker leisten, bei der Wahl ihren Idealen zu folgen. Die heutige "Generation Praktikum" setzt auf handwerklich gut gemachte Politik - und lässt sich von den Parteien nicht mehr so leicht ködern
aus Financial Times Deutschland vom 13.09.2005, Seite 29

(3) Praktikanten: Voll engagiert, aber schlecht bezahlt Als billige Aushilfen ausgenutzt? Nur wenige Firmen garantieren den Nachwuchskräften faire Bedingungen.

aus Hamburger Abendblatt, 26.11.2005, Nr. 277, S. 71

(4) Stawski, Dominik, Von Beruf Praktikant, Kölner Stadtanzeiger vom 14.09.05
aus Hamburger Abendblatt, 26.11.2005, Nr. 277, S. 71

(5) Die Reservearmee kommt aus der Deckung
aus Frankfurter Allgemeine Zeitung, 24.11.2005, Nr. 274, S. 37

(6) Nöhmaier, Nadine, Kapieren geht über Kopieren, Spiegel Online vom 15.11.05
aus Frankfurter Allgemeine Zeitung, 24.11.2005, Nr. 274, S. 37

(7) Nöhmaier, Nadine, Fünf Kriterien für ein gutes Praktikum, Spiegel Online vom 15.11.05
aus Frankfurter Allgemeine Zeitung, 24.11.2005, Nr. 274, S. 37

(8) Was Werbung treibt - Hoffnungslose Talente
aus brand eins, Heft 7/2005, S. 16-17

(9) Die Praktikanten organisieren sich
aus Süddeutsche Zeitung, 29.10.2005, Ausgabe Deutschland, S. V2/6

(10) Genosse Praktikant
aus Süddeutsche Zeitung, 24.10.2005, Ausgabe Deutschland, S. 12

(11) Faires Praktikum
aus Frankfurter Rundschau v. 18.10.2005, S.24,

Ausgabe: S Stadt

(12) Elger, Katrin, Voller Einsatz, wenig Geld, Unispiegel, Nr. 5 vom 17.10.05, Seite 44
aus Frankfurter Rundschau v. 18.10.2005, S.24, Ausgabe: S Stadt

(13) Kaffee kochen ist in Ordnung, Büro putzen nicht
aus Frankfurter Allgemeine Zeitung, 08.10.2005, Nr. 234, S. 61

(14) Urteil: Unbezahlt Arbeiten nur zur Ausbildung Praktikanten klagen Lohn ein
aus Hamburger Abendblatt, 24.11.2005, Nr. 275, S. 6

(15) Gringer, Juliane, Kollegen duzen oder siezen? Knigge fürs Praktikum, Mitteldeutsche Zeitung, Ausgabe Naumburg vom 24.11.05
aus Hamburger Abendblatt, 24.11.2005, Nr. 275, S. 6

Impressum

Generation Praktikum - billige Arbeitskräfte ohne Zukunft?

Bibliografische Information der deutschen Nationalbibliothek

Die Deutsche Nationalbibliothek verzeichnet diese Publikation in der deutschen Nationalbibliografie; detaillierte bibliografische Daten sind im Internet über http://dnb.d-nb.de abrufbar.

ISBN: 978-3-7379-0898-6

© 2015 GBI-Genios Deutsche Wirtschaftsdatenbank GmbH, Freischützstraße 96, 81927 München, www.genios.de

Alle Rechte vorbehalten. Dieses Werk ist einschließlich aller seiner Teile – z.B. Texte, Tabellen und Grafiken - urheberrechtlich geschützt. Jede Verwertung außerhalb der Grenzen des Urheberrechtsgesetzes bedarf der vorherigen Zustimmung des Verlags. Dies gilt insbesondere auch für auszugsweise Nachdrucke, fotomechanische Vervielfältigungen (Fotokopie/Mikroskopie), Übersetzungen, Auswertungen durch Datenbanken oder ähnliche Einrichtungen und die Einspeicherung und Verarbeitung in elektronischen Systemen.